AF371394

MENSAJES PARA CREYENTES NUEVOS

7

WATCHMAN NEE

LA CONSAGRACIÓN

Living Stream Ministry
Anaheim, California

Primera edición: noviembre de 1997.

ISBN 1-57593-447-7

Traducido del inglés
Título original: *Consecration*
(Spanish Translation)

Publicado por

Living Stream Ministry
2431 W. La Palma Ave., Anaheim, CA 92801 U.S.A.
P. O. Box 2121, Anaheim, CA 92814 U.S.A.

Impreso en los Estados Unidos de América

00   01   02   03 04   05   /   10   9   8   7   6   5   4   3

CONSAGRACION

Lectura bíblica: Ex. 28:1-2, 40-41; 29:1-25; Lv. 8:14-28; Ro. 6:13, 16, 19; 12:1; 1 Co. 6:19-20; 2 Co. 5:14-15

Examinemos el asunto de la consagración cristiana.

La consagración es el resultado de una salvación genuina. Si una persona considera su fe en el Señor Jesús como un favor al Señor, y su fe en Dios como una cortesía a El, será inútil hablarle sobre la consagración. Lo mismo sucede con una persona que cree estar promoviendo la causa cristiana y que considera su conversión como un honor para el cristianismo. Estas personas no ha tenido un buen comienzo en la fe cristiana y, por ende, es imposible esperar que se consagren. Debemos darnos cuenta de que es el Señor quien nos ha concedido Su gracia y Su misericordia, que es El quien nos ama y nos ha salvado. Esta es la única razón por la cual nos consagramos totalmente a El.

La enseñanza sobre la consagración se encuentra tanto en el Antiguo Testamento como en el Nuevo. Muchos pasajes del Nuevo Testamento, como por ejemplo Romanos 6 y 12, nos hablan de este tema. La consagración se muestra en el Antiguo Testamento en Exodo 28 y 29 y en Levítico 8, donde se menciona especialmente la consagración de Aarón y su familia. Aunque la consagración es la primera experiencia básica de nuestro servicio a Dios, no encontramos muchas enseñanzas que provengan directamente de la palabra de Dios. Necesitamos estudiar los versículos mencionados. para entender el significado de la consagración.

I. LA BASE DE LA CONSAGRACION

En 2 de Corintios 5:14-15 se nos muestra claramente que el poder constreñidor del amor del Señor, es la base para que los hijos de Dios vivan para Aquel que murió y resucitó por ellos. El hombre vive para el Señor por haber sido constreñido por el amor del Señor. Según el idioma original, la palabra *constreñir* se puede traducir como "presionar por todos los lados", lo cual quiere decir, sentirse limitado, restringido y fuertemente atado. El nos ha atrapado en Su amor, y no podemos escapar. Cuando una persona se enamora, se siente atada. El nos ha atado y no podemos escapar; El murió por nosotros, y nosotros debemos vivir para El. Vemos así que el amor es la base de la consagración. Un hombre se consagra al Señor porque ha sentido Su amor. Sin esta experiencia nadie puede consagrarse al Señor. Una persona debe experimentar el amor del Señor para poder consagrarse a El. Cuando tocamos el amor del Señor, espontáneamente sentimos el deseo de consagrarnos a El.

La consagración no sólo se basa en el amor del Señor por nosotros, sino también en el derecho que El tiene sobre nosotros. Como se revela en 1 de Corintios 6:19-20: "Y que no sois vuestros ... Porque habéis sido comprados por precio". Nuestro Señor dio Su vida por nosotros como rescate, adquiriéndonos así de nuevo. El Señor nos compró y nos redimió; por eso voluntariamente le cedemos nuestra libertad. Ya no nos pertenecemos; somos Suyos y debemos glorificar a Dios en nuestros cuerpos. El Señor nos compró por un precio, y ese precio es la sangre que El derramó en la cruz. Así que le pertenecemos al Señor porque El adquirió ese derecho sobre nosotros.

El Señor nos compró pagando un precio muy alto. El no nos compró ni con oro ni con plata sino con Su propia sangre. En esto vemos tanto Su gran amor como Su derecho sobre nosotros. Servimos al Señor porque El nos ama y lo seguimos porque El tiene un derecho sobre nosotros. Este amor y este derecho obtenido en la redención nos constriñen a darnos al Señor. Por lo tanto, la consagración se basa en Su derecho y Su amor. Este es un derecho legal y va más allá del amor humano. Es por eso que nos consagramos a El.

II. EL SIGNIFICADO DE LA CONSAGRACION

Ser constreñidos por el amor del Señor o reconocer Su derecho legal no constituye la consagración. Después de que uno es constreñido por el amor del Señor y reconoce Su derecho sobre uno, debe dar otro paso el cual lo llevará a una nueva posición. Debido a que el Señor nos constriñe y nos compra, nos apartamos de ciertas cosa y vivimos por El y para El. Esto es la consagración. Algunas versiones traducen la palabra *consagración* en algunos casos del Antiguo Testamento como "recibir el servicio santo". Recibir este servicio santo significa recibir el ministerio de servir a Dios. Este es el servicio santo, esto es la consagración. Recibir el ministerio para servir a Dios es como prometerle al Señor: "Hoy me separo de todo para servirte, porque Tú me amas".

III. UNA PERSONA CONSAGRADA

Después de leer Exodo 28:1-2 y 29:1, 4, 9-10, vemos que la consagración es algo muy especial. Israel fue la nación escogida por Dios (Ex. 19:5-6), pero no llegó a ser una nación consagrada. Las tribus de Israel eran doce, pero no todas recibieron el servicio santo: sólo la tribu de Leví. Esta fue la tribu escogida por Dios (Nm. 3:11-13); sin embargo, no toda la tribu de Leví estaba consagrada, ya que entre los levitas, sólo se asignó el servicio santo a la casa de Aarón. El servicio santo no se le dio a todos los israelitas ni a todos los levitas; la casa de Aarón fue la única que recibió el servicio santo. Así que, para recibir la consagración, uno tenía que pertenecer a esta casa. Sólo los miembros de la casa de Aarón eran aptos para ser sacerdotes y para consagrarse.

Gracias a Dios que hoy nosotros somos los miembros de esta casa. Todo aquel que cree en el Señor es miembro de esta familia. Todo aquel que ha sido salvo por gracia es sacerdote (Ap. 1:5-6). Dios nos escogió para que fuésemos sacerdotes. Inicialmente sólo los miembros de la casa de Aarón podían consagrarse, y si alguien que no pertenecía a esta casa se acercaba, moría (Nm. 18:7). Debemos recordar que sólo pueden consagrarse aquellos que son escogidos por Dios como sacerdotes. Así que, Dios nos ha escogido para ser sacerdotes por ser miembros de esta casa y por eso estamos calificados para consagrarnos.

Vemos que el hombre no se consagra porque haya escogido a Dios, sino porque Dios, quien es el único que escoge lo ha llamado. Aquellos que piensan que le hacen un favor a Dios al dejarlo todo, son extranjeros y no se han consagrado. Debemos darnos cuenta de que nuestro servicio a Dios no es un favor que le hacemos a El ni una expresión de bondad para con El. Tampoco es un asunto de ofrecernos a la obra de Dios, sino que Dios ha sido benevolente con nosotros dándonos una porción en Su obra y dándonos el honor y el privilegio. Dice en la Biblia que las vestiduras sagradas de los sacerdotes les daban honra y hermosura (Ex. 28:2) y la consagración es la honra y la hermosura que Dios nos da; es el llamado que Dios nos hace a Su servicio. Si nos gloriamos por algo, debemos gloriarnos en el maravilloso Señor. Para el Señor no hay nada especial en tener siervos como nosotros, pero para nosotros lo más maravilloso es tener al Señor. Debemos ver que la consagración es el resultado de haber sido escogidos, y que servir a Dios es un honor. No estamos elevando a Dios como si estuviéramos sacrificando algo para El, o como si tuviéramos algo de que gloriarnos. La consagración consiste en que Dios nos conceda al honor de servirle. Debemos postrarnos ante El y decir: "Gracias Señor porque tengo parte en Tu servicio. Gracias porque entre tantas personas que hay en este mundo, me has escogido a mí como parte de este servicio". La consagración es un honor, no un sacrificio. Es cierto que necesitamos sacrificarnos, pero al consagrarnos no lo sentimos como un sacrificio, sino que tenemos la sensación de la plenitud de la gloria de Dios.

IV. EL CAMINO HACIA LA CONSAGRACION

En Levítico 8:14-28 vemos un becerro, dos carneros y una cesta con panes sin levadura. El becerro se inmolaba como ofrenda por el pecado; el primer carnero, como holocausto; y el segundo carnero con el canastillo de los panes sin levadura, constituían la ofrenda de consagración.

A. La ofrenda por el pecado

Para recibir el servicio santo ante Dios, es decir, para consagrarse a Dios, primero tiene que hacerse propiciación por el pecado. Sólo una persona que es salva y pertenece al Señor, puede consagrarse. La base de la consagración es la ofrenda por el pecado.

B. El holocausto

Examinemos Levítico 8:18-28 muy cuidadosamente. Aquí tenemos dos carneros: un carnero se ofrecía como holocausto, y otro como ofrenda de consagración. Esto hacía que Aarón fuera apto para servir a Dios.

¿Qué es el holocausto? Es una ofrenda que debe ser consumida completamente por fuego; por lo tanto, el sacerdote no podía comer su carne. El problema de nuestro pecado se soluciona con la ofrenda por el pecado, pero el holocausto hace que Dios nos acepte. El Señor Jesús llevó nuestros pecados a la cruz. Esto se refiere a Su obra como la ofrenda por el pecado. Al mismo tiempo, mientras el Señor Jesús estaba en la cruz, el velo fue rasgado de arriba a abajo, y se nos abrió así el camino al Lugar Santísimo. Esta es Su obra como el holocausto. La ofrenda por el pecado y el holocausto empiezan en el mismo lugar, pero conducen a dos lugares distintos. Ambos empiezan donde se encuentra el pecador. La ofrenda por el pecado se detiene en la propiciación por el pecado, mientras que el holocausto hace al pecador acepto ante Dios en el Amado. Por tanto, es más importante que la ofrenda por el pecado. El holocausto es el agradable aroma del Señor Jesús ante Dios, que hace que Dios lo acepte. Cuando lo ofrecemos a El ante Dios, nosotros también somos aceptados. No sólo somos perdonados mediante la ofrenda por el pecado, sino que también somos aceptados mediante el Señor Jesús.

C. La ofrenda de la consagración

1. La aspersión de la sangre

Después de que el primer carnero era inmolado, se sacrificaba otro. ¿Qué se hacía con el segundo carnero después de su sacrificio? Primero, se untaba la sangre sobre el lóbulo de la oreja derecha, sobre el pulgar de la mano derecha y sobre el dedo pulgar del pie derecho de Aarón y sus hijos, lo cual significa que como Dios nos ha aceptado en Cristo, debemos saber que la sangre aplicada en nuestra oreja, nuestras manos y nuestros pies nos separa para Dios. Debemos declarar que nuestras orejas, nuestras manos y nuestros pies pertenecen por entero a Dios. Debido a la redención, nuestras orejas, cuya función es oír, deben escuchar a Dios; nuestras manos, hechas para trabajar, deben ahora laborar para Dios; nuestros pies ahora deben caminar para Dios. Aplicamos la sangre en el lóbulo de nuestra oreja derecha, sobre el dedo pulgar de la mano derecha y sobre el dedo pulgar del pie derecho, porque nuestros miembros fueron comprados por el Señor. Debemos decirle al Señor: "Por tu redención Señor, desde este momento, no consideraré mis orejas, mis manos ni mis pies como míos, porque Tú me redimiste, Señor. Todo mi ser te pertenece a Ti".

La sangre es la señal de posesión y el símbolo del amor. El "precio" que se menciona en 1 de Corintios 6, y el "amor" de 2 Corintios 5 se refieren a esta sangre. Debido a la sangre, el amor y el derecho de propiedad, nuestro ser ya no nos pertenece. El Señor derramó Su sangre, y nosotros debemos reconocer el derecho legítimo que esta sangre tiene sobre nosotros. El Señor nos ama; por eso confesamos que todo nuestro ser le pertenece sólo a El.

2. La ofrenda mecida

Después de que se rociaba la sangre, se presentaba la ofrenda mecida. Debemos recordar que el segundo carnero había sido sacrificado y su sangre había sido untada en la oreja, en la mano y en el pie. Esto todavía no es consagración, pero es la base de la misma. La aspersión de la sangre es simplemente una confesión de amor y una proclamación de los derechos, lo cual nos hace aptos para consagrarnos; sin embargo, la verdadera consagración viene después de todo eso.

Después de que el segundo carnero era sacrificado y su sangre era rociada, se sacaban la grosura y la espaldilla derecha, y del canastillo de los panes sin levadura se tomaba una torta sin levadura, una torta de pan de aceite y una hojaldre. Todo esto tipifica los dos aspectos del Señor Jesús. La espaldilla es la parte fuerte y nos muestra el aspecto divino del Señor; la grosura es rica y tipifica el aspecto de la gloria de Dios; y el pan, el cual viene de la vida vegetal, muestra Su humanidad. El es el hombre perfecto, sin levadura y sin mancha y está lleno del aceite de la unción, del Espíritu Santo; y, como una hojaldre, Su naturaleza, los sentimientos de Su corazón y Su vista espiritual son finas, delicadas, frágiles y llenas de dulzura y compasión. Todo esto fue puesto en las manos de Aarón, quien lo tomó y lo meció delante de Dios, y después lo quemó junto con el holocausto. Esto es la consagración.

Quisiera explicar que la palabra hebrea traducida *consagración* significa "tener las manos llenas". Tanto la traducción de Darby como la concordancia de Young, le dan este significado. Las manos de Aarón estaban vacías, pero se llenaron al tomar todas estas cosas. El se llenó del Señor; en esto consiste la consagración. Cuando Aarón no tenía nada en sus manos, no había consagración, pero una vez que sus manos se llenaron, éstas sólo podían retener al Señor, lo cual constituye la consagración.

Entonces, ¿qué es la consagración? Dios escogió a los hijos de Aarón para que le sirvieran como sacerdotes; aún así, Aarón no podía acercarse libremente; primero tenía que presentar una ofrenda por sus pecados para ser aceptado en Cristo. Sus manos (las cuales significan trabajar) tenían que ser llenas de Cristo; así que, él no debía tener más que a Cristo; sólo entonces se llevaba a cabo la consagración. ¿Qué es la consagración? Digamos como Pablo: "Así que, hermanos, os exhorto por las compasiones de Dios, que presentéis vuestros cuerpos en sacrificio vivo, santo, agradable a Dios, que es vuestro servicio racional" (Ro. 12:1).

Necesitamos ver ante el Señor que en esta vida sólo podemos seguir un camino: servir a Dios. No tenemos otra alternativa. Para poder servir a Dios, tenemos que presentar todo nuestro ser a El. Desde el momento que lo hagamos, nuestro oído escuchará al Señor, nuestras manos trabajarán para El y nuestros pies correrán por El. Nuestros dos oídos solamente escucharán Su palabra, nuestras dos manos sólo trabajarán para El, y nuestros dos pies sólo andarán en Su camino. Nuestra única meta es servir al Señor. Nos hemos consagrado totalmente a El como una ofrenda o un sacrificio; por consiguiente, nuestras dos manos, llenas de Cristo, lo exaltarán y lo expresarán. Esto es lo que significa la consagración. Cuando hayamos hecho esto, Dios dirá: "Esto es la consagración". A esta saturación de Cristo es a lo que Dios llama "consagración".

La consagración significa que hemos tocado el amor de Dios y hemos reconocido Su derecho. Debido a esto, podemos acercarnos a Dios para implorarle el privilegio de servirle. No es simplemente que Dios nos llame, sino que nosotros nos demos como ofrenda para servir. Debemos decir: "Oh, Dios, soy Tuyo; me has comprado. Antes yo estaba debajo de Tu mesa esperando comer de las migajas que cayeran, pero desde este momento quiero servirte; hoy, tomo la decisión de servirte. Tú me has aceptado, ¿puedes concederme también una pequeña porción en esta gran tarea de servirte? Ten misericordia de mí y permíteme tomar parte en Tu servicio. Al conceder la salvación a muchos, Tú no pasaste de largo ni me rechazaste. Tú me salvaste; dame por lo tanto, una parte entre los muchos que te sirven, no me rechaces".

Así es como usted se presenta ante el Señor. Todo es obra de Cristo y está dirigido a El. Cuando usted se presenta a El de esta forma, obtiene la consagración. A esto se refiere Romanos 12 cuando dice que presentemos nuestros cuerpos. En Romanos 6 se menciona la consagración de los miembros. Esto es semejante a la aspersión de la sangre en las orejas, las manos y los pies. Romanos 12 menciona la consagración de todo el cuerpo, lo cual significa que ambas manos son llenas de Cristo. Podemos apreciar aquí una perfecta concordancia entre el Antiguo Testamento y el Nuevo.

V. EL OBJETIVO DE LA CONSAGRACION

El objetivo de la consagración no es convertirnos en predicadores de Dios ni en obreros Suyos, sino servirle, y el servicio es el resultado. En el idioma original, la palabra *servicio* significa "esperar", lo cual significa que la persona está preparada para servir. Debemos recordar que el objetivo de la consagración es que esperemos a Dios. Pareciera que esperar a alguien no fuera un trabajo muy arduo; sin embargo vemos que esperar a Dios significa que uno se tiene que levantar cuando El así lo disponga. Si El quiere que uno se haga a un lado, uno se hace a un lado; y si El quiere que uno corra, uno corre. Esto es lo que significa esperar.

Dios requiere que todos los cristianos presenten sus cuerpos como servicio a El. Esto no significa necesariamente que El quiera que usted se pare en el púlpito o vaya a evangelizar a un lugar remoto, sino que lo atienda a El. Si Dios envía a alguien a predicar, esa persona no tiene otra alternativa que obedecer. Todo nuestro tiempo es de Dios, y cada uno de nosotros debe esperarle. La obra que cada uno de nosotros hace es flexible y debemos aprender a esperarle. Presentamos nuestros cuerpos para servir a Dios.

Como cristianos tenemos que servir a Dios por el resto de nuestra vida. En el momento en que una persona se consagra, debe comprender que desde ese instante, lo más importante es lo que Dios requiera. Servir a Dios es la misión de nuestra vida. Que el Señor sea benevolente con nosotros y nos muestre que nuestro servicio a El es nuestra obligación. Debemos enseñar a los creyentes a servir al Señor, y a comprender que como cristianos, no pueden ser superficiales. Con esto no quiero decir que debemos descuidar nuestra carrera o estar ociosos. Debemos ser fieles y sobrios en nuestra vocación; pero ante Dios, debemos ver que toda nuestra vida está encaminada a servirlo a El. Todo lo que hacemos tiene el propósito de obedecer la voluntad de Dios y complacerlo. Esta es la verdadera consagración.

La consagración no es lo mucho que uno da de sí mismo al Señor, sino ser aceptado por Dios y recibir el honor de servirlo. La consagración está reservada exclusivamente para los cristianos. Sólo los salvos, los que pertenecen al Señor, pueden consagrarse. La consagración significa poder decir: "Señor, me has dado la oportunidad y el derecho de acercarme a Ti para servirte. Señor, te pertenezco. Mis oídos, mis manos y mis pies fueron comprados con Tu sangre y te pertenecen. Desde ahora en adelante, ya no son para mi uso particular".

No debemos rogar a otros que se consagren; en lugar de ello, debemos decirles que el camino está abierto para que lo hagan. Hay un camino para servir a nuestro Dios, Jehová de los ejércitos. Debemos entender que nuestra meta es servir a

Jehová de los ejércitos. Es erróneo pensar que la consagración es un favor que le hacemos a Dios.

El Antiguo Testamento revela claramente que un hombre no se puede consagrar sin la aprobación de Dios. También el Nuevo Testamento nos exhorta a consagrarnos por las compasiones de Dios. El nos ama mucho, y por ese amor, debemos consagrarnos. Este es nuestro servicio lógico. No es pedir un favor; es lo más razonable, lo más natural. La consagración no depende de nuestra voluntad, pues proviene de la abundancia de la gracia de Dios. Debemos ver que tener el derecho de servir a Dios es el mayor honor de nuestra vida. ¡El mayor gozo del hombre es ser salvo, y más grande aún es el gozo de participar en el servicio de Dios! ¿Quién es nuestro Dios? ¡Tenemos que ver Su grandeza y Su gloria para poder entender la enorme importancia y el gran honor de este servicio! ¡Qué maravilloso es recibir Su gracia, y que El sea quien valore nuestro servicio!